动物生活绘本系列

繁育的责任和
防御的妙方

刘枫 编

航空工业出版社
北京

内 容 提 要

动物的活动分为繁育活动、防御活动、争斗活动、觅食活动和社群活动等，本书详细描述了各类动物为生存而进行的繁育和防御活动。本书分为两个部分，20个小节，分别介绍了埋葬虫、燕子、海鸥、鳄鱼、海龟等动物是怎样保护自己的幼崽和怎样进行繁育的。

本书配以精美的插图，故事情节生动，语言轻松幽默，是一本优秀的少儿科普读物，适合广大青少年阅读以及图书馆收藏。

图书在版编目（CIP）数据

繁育的责任和防御的妙方/刘枫编. —北京：航空工业出版社，2017.8（2022.3 重印）
ISBN 978-7-5165-1285-2

Ⅰ.①繁… Ⅱ.①刘… Ⅲ.①科学知识－青少年读物 Ⅳ.①Z228.2

中国版本图书馆CIP数据核字（2017）第190475号

繁育的责任和防御的妙方
Fanyu de Zeren he Fangyu de Miaofang

航空工业出版社出版发行
（北京市朝阳区京顺路5号曙光大厦C座四层　100028）
发行部电话：010-85672663　010-85672683

永清县晔盛亚胶印有限公司印刷	全国各地新华书店经营
2017年8月第1版	2022年3月第2次印刷
开本：710×1000　1/16　印张：9	字数：106千字
印数：5001—11000	定价：29.80元

目录 MU LU

繁育的责任

- 埋葬虫的征婚启事　3
- 骗子艾尼蒙　13
- 蛋壳里的声音　23
- 热心的帮手鸟　32
- 偷鸡不成蚀把米　41
- 泥蜂的一生　67

防御的妙方

"小偷"出洞了　73

奇怪的干草　　　78

得意忘形的箭毒蛙　82

对蟋蟀的指控　　87

狼来了　　　92

"撒谎"的老师　96

倒霉的小老虎　101

我已经死了　106

无敌拳击手　112

医院里的病人们　116

优雅的瞪羚　121

地松鼠的觉醒　126

自私的哨兵　131

迷惑捕食者　136

繁育的责任

埋葬虫的征婚启事

这种事情还是头一次碰到，艾尼蒙竟然看到一只埋葬虫举着一片树叶，上面写着："征婚启事：埋葬虫，雌性，有房（一具老鼠尸体），现欲寻一名强壮，有责任心的雄性埋葬虫与我共同抚养幼虫。"

艾尼蒙深有感触地说:"大婶,单亲妈妈抚养后代,真的很辛苦!"

"什么大婶!我有那么老吗?"埋葬虫没好气地说。

"哦?"艾尼蒙一怔,连忙改口说,"对不起,大姐。"

"哎!"埋葬虫高兴地答应。

"大姐,希望你能找个好老公,这样,孩子就不怕饿肚子了。"艾尼蒙真诚地祝福。

"我征婚可不是为了食物。"大姐摇摇头说。

"那是为了多一个帮手来抵御天敌吗?"艾尼蒙问。

"对付天敌,多一个人并不会有什么明显效果。"大姐不以为然地说。

"那你征婚又是为了什么?"艾尼蒙刚要问,突然"哇哇……"传来一阵小孩的哭声,这只埋葬虫大姐慌忙扔了叶子,紧张地说:"不好,我的孩子有危险!"说着撒腿就跑。

艾尼蒙不知出了什么事,也跟在后面,很快他们来到一具老鼠的尸体旁,这具鼠尸一半露在外面,一半陷在了泥土里。埋葬虫一头冲了进去,显然这就是她的家。

"哎呀,我的孩子被偷了!"埋葬虫大姐疯狂地冲出来,手足无措地大叫。

"有人偷了你的孩子?"艾尼蒙万分吃惊,他想了想说,"你别急,坏蛋一定没有跑远,我们快追,一定赶得上。"

埋葬虫妈妈镇静下来,立刻开始追踪。

"一定是其他埋葬虫偷走了我的孩子,"埋葬虫妈妈推测说,"我们的孩子都放在精心准备的育儿袋里面,有的埋葬虫会偷走育儿袋,杀掉里面的孩子,然后利用现成的育儿袋去养育自己的后代。我结婚的目的正是为了有人能和我一起预防同类偷走我的育儿袋。"

"竟然有这么卑鄙的家伙,真是太残忍了。"艾尼蒙气愤地说。

"在这里,"埋葬虫妈妈对着一具兔子的腐尸激动地喊道。

他们冲了进去,果然看到埋葬虫妈妈的育婴袋挂在那里,旁边还有一只惊恐的雄埋葬虫。

"你这个杀害幼虫的凶手,走,和我去见法官。"艾尼蒙气冲冲地拖起埋葬虫小偷说。

"饶了我吧,我只是喜爱幼虫而已,并没有伤害他。"那只埋葬虫可怜兮兮地哀求。

埋葬虫妈妈看看育儿袋,自己的孩子果然安然无恙。

原来,这只埋葬虫的妻子被天敌吃掉了,他只好独自抚养自己的幼虫。可是一个埋葬虫难以看护自己的孩子,因此育儿袋被别的埋葬虫偷走了。

他每天思念自己的孩子,简直要发疯了,今天看到了埋葬虫妈妈的孩子,旁边又没人看管,所以鬼使神差地偷了回来,现在才感到后悔,正不知道怎么办呢!

埋葬虫说得声泪俱下，艾尼蒙和埋葬虫妈妈都深受感动。

这时，微风吹起了一片树叶，艾尼蒙眼睛一亮，想到了一个两全齐美的好办法。

几天后，埋葬虫妈妈搬到了埋葬虫爸爸这里住，他们结婚成了一家人，共同抚养起了埋葬虫宝宝。

"很多动物都是由雌性来单独承担抚育后代的责任,但埋葬虫是一个例外,经过科学家研究,防止幼虫被同类杀害的动机是促使这种例外的重要原因。"艾尼蒙满意地合上笔记本,说:"埋葬虫夫妇是多么般配的一对呀!"

艾尼蒙突然灵机一动，说："干脆我们帮帮小海龟吧，直接把他放到海里好吗？"

栗子想了想，觉得有点不妥，但是艾尼蒙拉着他说："走吧，不要考虑了。万一小海龟自己跑出来被海鸟抓到就麻烦了。"

艾尼蒙捡起了露出头的小海龟，说："不用担心，我帮你。"然后就跑向海边。

艾尼蒙瞥了一眼远处急切又无奈的海鸟们，得意扬扬的一挥手将小海龟抛向了大海。

他拍拍手，刚转头，就意外的发现，有好多只小海龟从沙滩上露出头来，然后不约而同的冲向大海。

"哈哈，"艾尼蒙兴奋地大笑，"快看，原来还有那么多小家伙，栗子，这可够我们忙的了。"

可是,接下来的情景让艾尼蒙的笑僵在了脸上。

远处徘徊的海鸟看到这么多美味奔跑在沙滩上,立刻扑了过来,这些奋力奔跑的小海龟们专注于海面,那里是他的家,有他的父母和兄弟在等他们。

但是海鸟的利爪毫不留情,将小海龟们提起来,然后迅速飞离海岸。

艾尼蒙看到的,只有小海龟稚嫩、惊恐和失望的表情。

"走开,你们这些坏蛋……"艾尼蒙像疯了一样冲向沙滩,挥舞双臂、抛撒沙子,竭尽全力驱赶海鸟,然而,海鸟执著而灵巧,刚赶走又回来,很快,沙滩上奔跑的小海龟已经所剩无几了。

艾尼蒙跌坐在沙滩上,哭着说:"都怪我,第一个小海龟在为其他小海龟探路。我却把他强行送到海里,使其他小海龟以为外面没有危险,所以才蜂拥而出,都成了海鸟的猎物,他们都是被我害死的,呜……"

　　栗子安慰说："艾尼蒙,不要伤心了,你也是好意。你看,还是有很多小海龟到达海里了,自然界就是这样,尔虞我诈,弱肉强食,我们以后一定要吸取教训……"

　　劝了好久,艾尼蒙才平静下来。突然,远处传来"唧唧"的声音。

"有人遇到危险了,我们去看看吧,"栗子说。

艾尼蒙振作了精神,随着栗子钻进了草丛。

他们看到不远处有一只鸟忽上忽下地跳跃,翅膀好像受了伤,惊恐地"唧唧"叫着。在她后面,尾随着一只狡猾的狐狸。

"不好,那只鸟有危险,我要去帮帮她。"艾尼蒙急切地说。

栗子拉住了他:"你忘记刚才的事情了?等等看吧。"

艾尼蒙只好耐着性子看,那只鸟将狐狸引得越来越远。

狐狸终于失去耐心，瞅准机会，身子一跃，扑向了"受伤"的小鸟。

艾尼蒙和栗子的心都提了起来。

可是，当狐狸将要触到鸟的一瞬间，那只鸟竟然神奇地痊愈了，腾空飞起。狐狸望着天空中的小鸟，失望地离开了。

"哦,原来是小鸟逗着狐狸玩的,哈哈,狐狸以狡猾闻名,现在却上了小鸟的当。"艾尼蒙舒了一口气,开心地说。

"你傻瓜呀!谁会傻到和自己的天敌随便开玩笑,我看一定有其他原因。"栗子慢条斯理地说。

艾尼蒙不服气地撅着嘴,不过也仔细观察起来。

刚才飞走的小鸟又飞了回来,警惕地看看四周,这才落在了草丛里,紧接着,传出了幼鸟的叫声。

"原来是这样,"艾尼蒙恍然大悟,"在捕食动物接近鸟巢时,为了使后代避免危险,大鸟装出受伤的样子,将捕食者的注意力吸引到自己身上,慢慢将他们引开自己的巢穴,使自己的孩子安然无恙。这要冒多大的危险呀,太伟大了。"

"是啊,多亏你刚才没有插手,要不然就给大鸟帮倒忙了。"栗子对艾尼蒙说。

"我明白了,各种事物都有自己运行的法则。作为旁观者,我们看到的现象并不一定是真相,千万不要一厢情愿地参与进去,影响他们,否则就会事与愿违,造成可怕的后果。尊重自然规律,不随便介入干扰,这就是旁观者的义务。"艾尼蒙郑重地在笔记本上写下了这些话。

泥蜂的一生

春天万物复苏，泥土松软了很多，带着淡淡的潮气，看起来比冬天时硬邦邦的样子舒服多了。

在一棵小草旁，一只雌泥蜂破土而出。这一刻至关重要，在蛰伏了整个秋天和夏天后，他终于可以冲出土壤，完成羽化了。

这只雌性泥蜂突破最后一层土壤，来到了阳光下，抖抖自己透明的翅膀，飞了起来。

她要去寻找自己的伴侣，尽快完成交尾，然后产下自己的孩子，这几乎是她这一生唯一的任务。

她找到一片合适的地方，挖了一个地洞，然后把一只被自己麻醉了的毛毛虫放了进去。

　　雌泥蜂将卵产在毛毛虫身上，这样，她的小宝宝出生后就可以靠吃这只毛毛虫长大。一切准备就绪后，她爬出洞，找来很多小石头封住了洞口。

　　这些过程说起来容易，其实整整耗费了雌泥蜂妈妈几个星期的时间，而这短短的几个星期对于泥蜂来说却是一生的时间。

夏天到了，雌泥蜂的躯体已经消失在了泥土和空气中，她为之付出一生的宝宝正在地下成长，他们会像妈妈一样在来年的春天破土飞翔。

防禦的妙方

"小偷"出洞了

夜晚月朗星稀,艾尼蒙强打起精神来和瞌睡战斗,他要替大鹅夫妇保护鹅蛋,防止被小偷偷走。

今天早晨,大鹅夫妇去参加森林舞会,艾尼蒙拍着胸脯说:"放心,鹅蛋交给我,就像放在保险箱一样安全。"可是森林里最近发生了多起丢蛋事件,艾尼蒙不敢大意,不停地抹"清凉油",以赶走阵阵袭来的困意。

"不好,有情况。"艾尼蒙看到一个黑影正鬼鬼祟祟地靠近鹅窝,他警觉地捡起一块三角形的石头躲在了大树后面。

"可耻的小偷,让你尝尝本大侠的手段。"艾尼蒙瞅准机会,朝慢慢靠近的"小偷"狠狠地抛出了"暗器"。

"哎哟……"对方惨叫一声倒地。

艾尼蒙用一根树杈抵住了"小偷"。

原来是一只大野兔,艾尼蒙说:"深更半夜,鬼鬼祟祟,是不是想来偷蛋?"

野兔头上鲜血直冒,疼得龇牙咧嘴:"冤枉呀!我们兔子需要白天呆在洞里躲避天敌,黎明和夜晚时才敢出来觅食。我好不容易躲到晚上,刚出来,就被你砸中了,你得赔我医药费。"

"你还敢狡辩?鼹鼠也住在洞里,为什么他不用晚上出来觅食?"艾尼蒙咄咄逼人地质问。

"我能和他比吗?鼹鼠家的隧道四通八达,里面那么潮湿,最容易找到他爱吃的蚯蚓和蜗牛了,他在自己家就可以直接进餐。"野兔嫉妒地说。

"原来是这样，看来我误会了野兔。"艾尼蒙的脸慢慢红了。

知错就改，艾尼蒙马上向野兔道歉，并细心地为他作了包扎。艾尼蒙在笔记本上写道："很多动物通过洞穴防御天敌，但这种生活方式也给它们带来了觅食和寻找配偶方面的困难。"

奇怪的干草

艾尼蒙拖着大包袱独自走在海边,风吹着树叶"哗哗"作响,天气冷了。

"应该点一堆火来取暖。"艾尼蒙想到就做,立刻开始捡树枝。他看到一丛杂草,急忙捡了起来。

"嗯,刚好拿来引火。"

"你干什么?"不知从哪里传出了奇怪的声音,艾尼蒙四下张望:"是谁在说话?"

"放开我,不然我可夹你了。"原来是手中的"草"在说话,艾尼蒙慌忙将它扔在了地上。

"你是什么东西？"艾尼蒙看着地下张牙舞爪的怪草问。

"你才是东西！这是伪装，我们伪装蟹生来就会把碎屑、海藻、小木棍附着在身上欺骗天敌。是你自己太冒失，不看仔细就要把我当柴烧。"伪装蟹扔掉了自己的伪装，艾尼蒙仔细看看，果然是一只活生生大螃蟹。

"你的伪装术太高明了。"艾尼蒙钦佩地说。

"这不算什么,在你周围还隐蔽着很多动物。你看,那个树干上趴着树蛙先生,在他上面睡觉的是变色龙兄弟,草丛里还隐藏着山鹬大姐,水里面还有很多透明的鱼宝宝。"

"他们的体色和环境一致,太难发现了,我一直以为自己孤单一人呢!"艾尼蒙跑来跑去,寻找着各处隐蔽的朋友。

月亮升起来了,艾尼蒙将大家邀请在一起,开了一个愉快的篝火晚会。

当然,他也没忘记记笔记:"很多动物会通过改变体色、外部形态或者让自己变得透明来达到与环境融合的效果,最终成功地将自己隐蔽了起来。"

得意忘形的箭毒蛙

一只小青蛙正在和野鸡对峙，他鼓着肚子，瞪着眼睛，面对比自己大好多的野鸡毫不畏惧。

这是场实力悬殊的较量，野鸡斜瞅着青蛙，根本瞧不起他，就连路过的艾尼蒙也为小青蛙捏着把汗。

不料，野鸡突然像看到了魔鬼一样，浑身发抖，不顾一切地逃跑了，

小青蛙正感觉奇怪,身后蹦过来一只艳丽的花青蛙,那家伙得意洋洋地对他说:"兄弟,看到没有,如果和我一样拥有剧毒,就能轻易把敌人吓跑。"

原来这只花青蛙就是让人恐惧的箭毒蛙,他拥有致命的毒素,足以使吃过苦头的对手看到他艳丽的肤色就逃之夭夭。

小青蛙却不以为然地说："你可不要忘记，只有中过毒的对手才知道你的厉害。有些捕食者没尝过你的剧毒，会误伤你的。"

"哈哈，真会开玩笑。"箭毒蛙说："我的剧毒，天下第一，谁敢碰我？你这是嫉妒我。"然后他昂着头向开阔的地方蹦了过去。

"不要去那里,危险!"小青蛙好心劝告。

箭毒蛙却根本不理会,"不要你管,我的本领……"还没等他说完,一只大鸟就冲下来抓走了他。

"大鸟不怕剧毒吗?"艾尼蒙吃惊地问。

"大鸟不知道箭毒蛙的厉害,不过在他知道之前,箭毒蛙可能已经一命呜呼了。"小青蛙看着远去的箭毒蛙说。

艾尼蒙很为箭毒蛙伤心,他写道:"捕食动物在学会回避警戒色前,必定会先弄死一些猎物,所以真正受益者不是受到攻击的个体,而是和受攻击个体生活在一起的其他个体。

个体受害使集体获得了安全,这也就是具有警戒色的动物为什么总是群居的原因。

"另外,从箭毒蛙的悲剧中,我们也知道了得意忘形可不会带来什么好结果。"

对蟋蟀的指控

在森林法庭，蟋蟀沮丧地站在被告席上。

原告甲虫陈述说："我们靠分泌毒素使得小鸟不敢捕食我们。没想到蟋蟀为了避免被捕食就处处模仿我们，小鸟吃过他们以后，因为没有中毒就误以为我们也是可食的，导致我们的家人遭到误杀。大人，这都怪蟋蟀，我要以欺骗罪控告他。"

蟋蟀的律师蜘蛛摆动着八条细长的腿走出来。然后，抬起两条前腿扮作触角，来回走了几步，动物们惊呼："是蚂蚁！"确实，蜘蛛律师现在看起来简直和蚂蚁一模一样。

蜘蛛恢复常态，然后说："有时我也靠模仿可以分泌刺激性蚁酸的蚂蚁来吓退天敌。说起欺骗，我们这里哪一位没有欺骗过对手，来逃避天敌呢？"大家沉默了，螳虫说："我常常模仿有毒的虎甲虫来逃避捕杀。"

"我也曾通过模仿带毒刺的黄蜂来欺骗对手。"食蚜蝇不好意思地说。

接着，其他人也承认自己曾经靠模仿其他昆虫来躲过天敌和接近猎物。

蜘蛛律师满意地说："模拟只是我们采取的生存计策，就像蚂蚁分泌蚁酸、甲虫分泌毒素一样，都是进化的结果。所以，我认为对蟋蟀的指控不能成立。"

大家都认为蜘蛛说的有道理，法官猫头鹰有点为难，他看看旁边的书记员小精灵艾尼蒙，想听听他的意见。

艾尼蒙悄悄说："大人，您自己的脸似乎也很像凶狠的狼呀。"

"对啊！"猫头鹰恍然大悟，"为了恫吓对手，我的面孔不也是在模仿猛兽的长相吗？"

终于，猫头鹰法官宣布："蟋蟀无罪释放。"

蟋蟀和甲虫一起走出了法庭,天呢,他们的背影简直难分彼此。

艾尼蒙感慨的写道:"一种动物如果靠在形态和体色上模仿另一种有毒或不可食的动物来获得好处,这种行为就叫拟态。"

狼来了

小蜗牛非常胆小,稍微有点风吹草动就会马上缩回自己的蜗壳里。

艾尼蒙觉得这很有趣,于是经常欺骗小蜗牛玩。

他会突然喊:"刺猬来了""浣熊来了"。

刺猬和浣熊都是小蜗牛的天敌,一听他们来了,小蜗牛总会立刻缩回自己的壳里。

这时,艾尼蒙就捧腹大笑,搞得小蜗牛面红耳赤。后来,小蜗牛习惯了,对艾尼蒙的恶作剧也不理不睬了。

一天,他们在一起游戏。突然,艾尼蒙发现一只刺猬靠近了小蜗牛。

艾尼蒙大叫:"快藏起来,刺猬过来了。"

不料,小蜗牛根本不理睬他的警告,心想:"又玩老把戏。"结果没等他缩回蜗壳,就被刺猬逮到了。

艾尼蒙又急又悔，都是自己爱撒谎，害得朋友危在旦夕。

要想办法救小蜗牛，突然，他急中生智，大叫："狐狸来了。"

刺猬最怕狐狸了，听到喊声，立马团成了球，"骨碌"一下滚到了草丛里，失魂落魄的小蜗牛被狠狠丢在了一边。

艾尼蒙瞅准了机会，抱起小蜗牛撒腿就跑，他发誓再也不欺骗别人了。

今天艾尼蒙的笔记本上写的是："小蜗牛和刺猬的行为都属于动物的一种防御手段，叫回缩。频繁的回缩使动物暂时不能取食，所以它们对各种简单刺激都会习以为常，不再做出回缩反应。"

"撒谎"的老师

　　尺蛾老师正在给小尺蛾们上逃生课,她绘声绘色地讲道:"我们尺蛾可以感觉到天敌蝙蝠的声呐脉冲,但是我们飞得没有蝙蝠快,所以,当蝙蝠距离我们比较近时,我们该怎么办呢?"

　　下面的同学瞪着眼盯着老师,丝毫没有反应。

尺蛾老师面对呆呆的学生，无奈地说："好吧，但愿你们以后不要碰到蝙蝠。现在，你们一定要记住应该飘忽不定地飞行，使蝙蝠难以得手。"

旁听生艾尼蒙连忙将这点记在了笔记本上。

几天后的一个下午，艾尼蒙在灌木丛边碰到了尺蛾老师。他刚要上去打招呼，突然，尺蛾老师扑棱着翅膀急急忙忙的飞走了。

正当艾尼蒙纳闷时，一只蝙蝠飞过，艾尼蒙这才明白一定是尺蛾老师事先发现了蝙蝠，所以逃走了。可是为什么他没有不定向飞行，而是直线飞走呢？

艾尼蒙回到教室,见尺蛾老师还惊魂未定:"多亏我跑得快,不然就成了蝙蝠的美餐了。"

"可是老师你为什么说谎呢?"艾尼蒙毫不客气地提出了自己刚才的疑问。

"你能牢记我讲的东西太好了,不过这次情况特殊,因为……"尺蛾老师向大家详细地做了解释,这次同学们都听得很认真。

"原来是这样,"艾尼蒙在笔记本上写道:"不定向飞行适合蝙蝠在近距离出现的情况,当远距离发现蝙蝠时,尺蛾就会采取直线飞行,以便尽快飞出蝙蝠的有效搜寻区。所以说动物面对不同情况,都准备有不同的防御机制。"

倒霉的小老虎

这些天，艾尼蒙多了一个探险的伙伴——小老虎。他们要一起考察的题目是动物在面临危险时所采取的威吓行为。

他们首先遇到了野猫，野猫看到小老虎立刻摆出狰狞的表情，全身的毛也竖了起来，看起来比平时强壮凶狠了好多。

小老虎看到野猫发怒了，连忙和艾尼蒙躲进了灌木丛，可是等他们偷偷观望时，野猫早跑得无影无踪了。

艾尼蒙和小老虎庆幸猫没有继续进攻，于是继续前进。

突然，一只"怪物"挡住了去路，艾尼蒙仔细端详，原来是一只猫头鹰，他也摆出来可怕的表情，还把尾巴张开，一副决一雌雄的姿态。当艾尼蒙和小老虎再次躲起来时，猫头鹰也无影无踪了。

小老虎生气地说:"我们被骗啦,野猫和猫头鹰装出凶狠的样子吓唬我们,其实他们自己才怕得要死,趁我们躲起来,他们就逃之夭夭了。"

艾尼蒙说:"对,谁再敢恐吓我们,就让他吃点苦头。"

这时,他们看到臭鼬经过,臭鼬也发现了他们,立刻做出威吓的姿势。

"哼哼,连你也敢吓我们。"艾尼蒙和小老虎冷笑着逼近臭鼬。

突然,一股恶臭袭来,艾尼蒙和小老虎被熏翻在地,等他们醒来时,肇事者臭鼬早无影无踪了。

艾尼蒙悲伤地写道:"不能迅速逃跑或已经被抓住的动物往往采用威吓手段进行防御,大部分情况下只是虚张声势,不过有时候,它们也确实在展示自己的攻击利器,大家千万要小心啊!"

我已经死了

艾尼蒙和小老虎沮丧地走在林间小道上,刚才费了好大劲他们才去掉身上的臭味。

突然小老虎停住脚步,向前努努嘴,艾尼蒙顺着看过去,倒吸了一口冷气。

原来,一只老熊正背对着他们站在一棵大树下。

艾尼蒙拉着小老虎躲在大树后,仔细观察着老熊。

老熊从树洞里掏出一只负鼠,只见负鼠张着嘴巴,耷拉着舌头,眼睛紧闭,长尾巴一直卷在上下颌中间,肚皮鼓得老大,呼吸和心跳中止,不管怎么摇晃都纹丝不动。

"可惜,已经死了。"老熊自言自语地说,然后将死负鼠丢在了身后。

老熊在树洞里又掏出一只负鼠，可是和前面一样，也是死的。

沮丧的老熊又将他扔到身后，继续在树洞里掏。这时，"死掉"的负鼠竟然苏醒过来，迅速逃走了。就这样，老熊连续掏了七、八只"死负鼠"扔在身后，可是这些负鼠都慢慢苏醒过来，一只只逃走了。

老熊决定离开，可他惊讶地发现身后空空如也。

"竟敢骗我！"受骗的老熊暴跳如雷，看到这一情景的小老虎"咯咯……"笑出了声。

这下可不得了，怒气冲冲的老熊发现了他们，决定拿他们出出气，马上冲了过来。

"我们完了！"小老虎惊慌地说。

"快躺下!"艾尼蒙将小老虎摁倒在地,像负鼠一样停止呼吸,表情十分痛苦地作假死状。

老熊冲过来后,发现他们已经一动不动了。

老熊纳闷地绕着他们端详了一圈,无奈地说:"今天真倒霉,碰到的全是死猎物。"然后挠着头走了。

老熊走远后,艾尼蒙一骨碌爬起来,大大出了几口气,他掏出笔记本写道:"有些捕食动物只攻击运动中的猎物,所以,很多猎物都以假死来逃避捕食者的攻击。他们通常只能短时间保持假死状态,之后便会飞快地逃走。"

无敌拳击手

森林里举行运动会，艾尼蒙踊跃参加，在拳击项目上报了名。

他对自己的水平绝对有信心，"稳、准、狠"是他出拳的特点。

赛场上，礼仪小姐狐狸刚下台，"当——"裁判土拨鼠敲响了铃铛。

艾尼蒙看看对手,心想:"灰蝶也来打拳,根本不堪一击。"

艾尼蒙瞅准灰蝶的头就是一记重拳,不料灰蝶竟然毫发无损,而且丝毫没有还手的意思,无所谓地看着他。

艾尼蒙觉得受到了轻视,于是急速地向灰蝶头挥拳。时间慢慢过去,艾尼蒙累得只吐白沫,灰蝶却精神依旧。

艾尼蒙有气无力地问:"你的头怎么不怕攻击呀?"

"原因很简单,你根本就没有打中我的头。"

"什么?"艾尼蒙吃惊地问。

"你仔细看看。"灰蝶将自己的头伸向了艾尼蒙。

艾尼蒙终于明白了原因,是什么原因呢?去看他的笔记本吧。

上而写着："很多捕食动物都会攻击猎物头部，因此有些猎物常在离头部最远的身体后端生出一个假头以便把捕食者的注意力从最敏感的头部引开。灰蝶的颜色、形态和行为都有利于把对方想要攻击的部位转移到假头处。"

医院里的病人们

因为胡乱吃东西，艾尼蒙病了，他来到了一家医院里。

医生正在手术室做手术，艾尼蒙等得无聊，就同旁边的三刺鱼聊起天来。

"看起来您很痛苦,得了什么病?"艾尼蒙问。

"都怪他。"三刺鱼指指对面的白斑狗鱼没好气地说,"他袭击我,将我咬得遍体鳞伤。"

"你说什么?"白斑狗鱼表情更加痛苦地说,"我是你的天敌,袭击你是天经地义的,可你不该突然竖起背刺和侧刺扎我!你看看,我嘴里都被扎成什么样了。"这两位互不相让,争吵起来。

艾尼蒙看到他们火气那么大,不敢招惹,又同旁边的蚂蚁聊起来:"您哪里不舒服?"

"都……怪……该死的……小虫,我刚碰到他,就被毒毛麻醉,现在我的……嘴还不听使唤。"

"我要没毒毛,早被你吃了。"旁边的小虫忿忿不平地说,"看看你把我咬的。"

蚂蚁和小虫也吵了起来。

艾尼蒙见医院里嚷成了一锅粥,知道都是自己聊天惹的祸,心想医生出来一定会怪自己,因此也不顾身体不舒服,偷偷溜出去了。

来到小溪边，艾尼蒙把今天的见闻记了下来："一个动物在受到捕食者攻击时最后所能采取的防御手段就是利用一切可用的武器进行反击。"

优雅的瞪羚

　　草原上举行那达慕大会，各种动物都在施展着自己的才能。
　　这时，一只瞪羚慢悠悠地走过来，她步态稳重优雅，和其他蹦蹦跳跳的瞪羚比起来，简直超凡脱俗。

森林媒体的记者们立刻围住了她,七嘴八舌地问:"优雅的瞪羚小姐,瞪羚获得了跳高冠军,作为同族,您觉得骄傲吗?"

瞪羚小姐不屑一顾地说:"有什么值得骄傲的?蹦来蹦去,真是幼稚。"

"那么您对瞪羚精彩的闪尾表演有什么看法呢?"

"哼,"瞪羚小姐嗤之以鼻,"轻浮。"

大家都称赞优雅的瞪羚小姐有个性，见解独特，可是，一只老瞪羚却说："跳跃和闪尾是瞪羚发给同伴的报警信号，也是逃脱捕捉的基本素养，疏忽了它们可不得了。"

"哼，"瞪羚小姐不以为然地说，"我才不像你们一样没修养，即使狮子来了，我也会以优雅的步态逃走。"

突然,羊群骚动起来,原来是一群狮子包抄了过来。

大家都奔跑起来,瞪羚们此起彼伏地在空中腾跃,各自的尾巴都在快速地闪动。

狮子被快速移动的瞪羚以及不断闪现的白色臀斑搞花了眼,正不知怎么下手时,突然看到一只瞪羚正在不慌不忙地挪动着脚步,高兴地说:"原来这里有一个病秧子。"眨眼就围了上去。

"瞪羚的腾跃动作和闪尾是同时发生的,作用就是提醒同伴有危险,同时分散捕食者注意力,实际上,它们还在向捕食者表达这样的意思:看我跳得多高,多敏捷,如果你追我,一定不会成功。"艾尼蒙在笔记本上这样写道。

地松鼠的觉醒

太阳烤着大地,艾尼蒙拖着包袱走在一望无际的草原上。
在一片洼地里,他看到许多地松鼠都在无精打采地叹着气。
他问一只低声抽泣的地松鼠说:"您为什么这么伤心呀?"
"我们遭到了蛇的袭击,成年人虽然逃脱了,但蛇钻进洞里把我们的孩子全吃掉了。"

"蛇并不是很凶猛的动物,大家为什么不反抗呢?"艾尼蒙问。

"不能反抗,我们根本不是蛇的对手。"其他地松鼠摇着头说。

"大家团结起来就可以了,你们这么多地松鼠完全可以打败大蛇。"艾尼蒙坚决地说,地松鼠们沉默了。

艾尼蒙翻开精灵笔记本讲述了他前几天记录的事情:"在海边,到处都是海鸥的鸟巢,他们的雏鸟同样极易受到攻击。但是成年海鸥面对敌人没有退缩,他们总是群起而攻之,一边叫着,一边啄击敌人,好多凶狠的动物都不得不落荒而逃。"

"蛇又来了!"突然有人喊,地松鼠们慌作一团,准备四散逃窜。

"大家不要跑,你们要永远这么逃避下去吗?"艾尼蒙大叫。

地松鼠们停住脚步,醒悟过来,于是他们将大蛇围在中间,一起往蛇的面部扬沙子,顿时尘土飞扬,蛇实在受不了,只好狼狈地逃走了。

大家纷纷感谢艾尼蒙,争着看他的笔记本,只见上面写着:"当捕食动物出现时,猎物群体的激动情绪及其所表现出的行为反应,叫做激怒反应。具有激怒反应的动物群体常常能击退捕食者进攻,保护自己和后代。"

自私的哨兵

大雪覆盖了整个森林，寒风刺骨，到了晚上，冷得无处藏身。

幸亏艾尼蒙碰到一群野牛，他们热情地邀请他在一起过夜。艾尼蒙躺在野牛围成的圆圈中，一点都不感觉冷，很快进入了梦乡。

睡到半夜时，艾尼蒙起来小便。

可是，刚走到一处灌木丛旁就突然听到"沙、沙"的声音。

艾尼蒙看到二十多只狼偷偷摸摸包抄过来。他连忙猫着身子来到野牛群负责警戒的哨兵身边，悄悄说："不好啦，我们被狼群包围了。"

野牛哨兵激灵一下,艾尼蒙以为他会马上发出警报信号,可是哨兵却纹丝没动。

"快喊醒你的同伴啊,还在等什么?"

"不行,只要我发出声音,狼群的注意力就会马上集中过来,我应该趁他们没扑上来前先逃走。"说完,这个胆小的哨兵逃跑了。

艾尼蒙又气又急,他只好大声呼喊,叫醒了熟睡的野牛。大家迅速行动,围起一个圆圈,犄角向外,将艾尼蒙和小野牛围在中间保护了起来。

狼群见野牛已经有了防范,犹豫起来。这时一匹狼对狼王说:"大王,偷袭是没指望了,刚才我看到一头野牛单独逃跑了,我们快去追吧。

狼王点头同意，狼群马上消失在了夜幕中。

艾尼蒙舒了口气，他把这次惊险的遭遇记了下来，写道："当捕食者接近猎物群体时，群体中的一个或多个个体常常会向其他个体发出报警信号。报警信号在面对攻击时可以召唤同伴，也有警告同伴躲入安全场所的作用。"

迷惑捕食者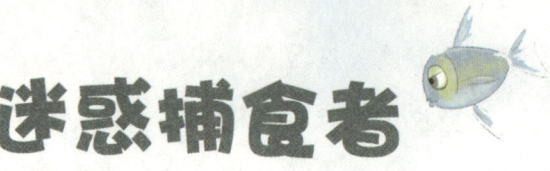

艾尼蒙拖着大包袱走在一条河边,阳光洒在河面上,波光粼粼。

这时,他看到一条狗鱼和一条金鲈鱼正结伴赶路,像是要去参加什么重要的集会。

艾尼蒙向他们打招呼说:"兄弟们,急急忙忙去哪里呀?"

狗鱼兴奋地说:"听说今天有一拨小鱼要经过大湖,数量空前绝后,我们准备去美美地聚餐一顿。"

艾尼蒙沮丧地说:"可惜我不会捕鱼,不能去参加聚餐了。"

金鲈鱼说:"小精灵,不用伤心,你在这里等着,我们吃完了,给你带几条回来不就好了?"

艾尼蒙在河边等呀等，直到夜幕降临，狗鱼和金鲈才垂头丧气地回来。

艾尼蒙担心地问："两位大哥，鱼群没有来？"

"唉！别提了，我本来擅长打伏击，但是这批鱼又肥又多，我决定不了该捕捉哪个，结果犹豫来犹豫去，就睡着了，醒来后发现鱼早都游走了。"狗鱼叹着气说。

"你可真没出息。"艾尼蒙泄气地说。

"我还不如狗鱼呢,他至少美美睡了一觉。我是主动出击,本来一条鱼快到手了,可发现另一条更肥,于是我改变目标,重新追捕,到头来白忙了一天却一无所获,现在鳍都快累断了。"金鲈鱼耷拉着鱼鳍说。

"害我白等一天,再也不相信你们了。"艾尼蒙捂着咕咕叫的肚子抱怨说。

即使在这么倒霉的情况下,我们的艾尼蒙也没有忘记记笔记:"当捕食者攻击猎物群体中的一个个体有可能产生犹豫或是在几头猎物同时奔跑时受到迷惑,为猎物逃跑提供了时机,这就是迷惑捕食者效应。"